Mis **garras** son **largas** y **curvas**

por Jessica Rudolph

Consultores:
Christopher Kuhar, PhD
Director Ejecutivo
Zoológicos de la ciudad de Cleveland, Ohio

Kimberly Brenneman, PhD
Instituto Nacional para la Investigación de la Educación Temprana
Universidad de Rutgers

BEARPORT
PUBLISHING

New York, New York

Créditos
Cubierta, © steve estvanik/Shutterstock; 4–5, © Anna Yu/Alamy; 6–7,
© iStockphoto/Thinkstock; 8–9, © Jaromir Cihak/Dreamstime.com; 10–11,
© Stephen Frink Collection/Alamy; 12–13, © dbimages/Alamy; 14–15, © Anna Yu/
Alamy; 16–17, © iStockphoto/Thinkstock; 18–19, © Barry Kusuma/Getty; 20–21,
© Barry Kusuma/Getty; 22, © Michael Pitts/naturepl.com; 23, © Ekaterina V.
Borisova/Shutterstock; 24, © Levent Konuk/Shutterstock.

Editor: Kenn Goin
Director creativo: Spencer Brinker
Diseñadora: Debrah Kaiser
Editora de fotografía: Michael Win
Editora de español: Queta Fernandez

Datos de catalogación de la Biblioteca del Congreso

Rudolph, Jessica, author.
  [My claws are large and curved. Spanish]
  Mis garras son largas y curvas / by Jessica Rudolph; consultores: Christopher Kuhar, PhD, Director
Ejecutivo, Zoológicos de la ciudad de Cleveland, Ohio; Kimberly Brenneman, PhD, Instituto
Nacional para la Investigación de la Educación Temprana, Universidad de Rutgers, New Brunswick,
Nueva Jersey.
     pages cm. — (Pistas de animales)
  Includes bibliographical references and index.
  ISBN 978-1-62724-578-4 (library binding) — ISBN 1-62724-578-2 (library binding)
  1. Komodo dragon—Juvenile literature. I. Title.
  QL666.L29R8318 2015
  597.95'968—dc23
                        2014031724

Para más información, escriba a Bearport Publishing Company, Inc., 45 West 21st Street, Suite 3B,
New York, New York 10010. Impreso en los Estados Unidos de América.

10 9 8 7 6 5 4 3 2 1

Contenido

¿Qué soy? 4

Datos sobre el animal 22

¿Dónde vivo? 23

Índice 24

Lee más. 24

Aprende más en Internet 24

Acerca de la autora. 24

¿Qué soy?

Mira mi lengua.

4

Tiene forma de V
en la punta.

Tengo dos
fosas nasales.

6

Son grandes y redondas.

Mi cola es
larga y marrón.

8

Mis patas son cortas y fuertes.

11

Tengo cuatro
patas.

12

Cada pata tiene
garras grandes
y curvas.

13

Mi boca es
ancha y rosada.

14

Tengo la
piel rugosa.

16

Y también escamosa.

¿Qué soy?

¡Vamos a averiguarlo!

¡Soy un dragón de Komodo!

Datos sobre el animal

Los dragones de Komodo son lagartos. Todos los lagartos pertenecen a un grupo de animales llamados reptiles. Como casi todos los reptiles, los dragones de Komodo ponen huevos en lugar de dar a luz criaturas vivas. Sus cuerpos también están cubiertos de escamas.

Más datos sobre los dragones de Komodo

Comida:	ciervos, cerdos, búfalos de agua, roedores y serpientes
Tamaño:	10 pies (3 metros) de largo, incluyendo la cola
Peso:	hasta 300 libras (136 kg)
Esperanza de vida:	hasta 30 años en su ambiente natural
Dato curioso:	El dragón de Komodo usa la lengua para oler comida que se encuentra hasta a tres millas (4,8 km) de distancia.

Tamaño de un dragón de Komodo adulto

¿Dónde vivo?

Los dragones de Komodo viven en unas pocas islas del Sureste Asiático. Habitan en selvas y pastizales.

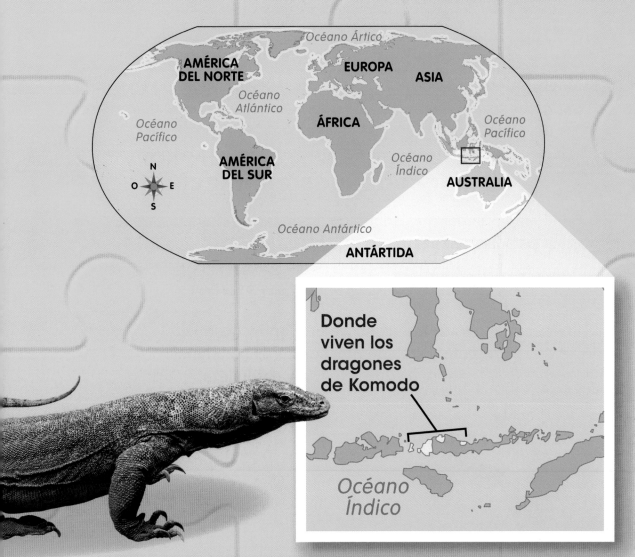

Océano Ártico

AMÉRICA DEL NORTE

EUROPA

ASIA

Océano Atlántico

Océano Pacífico

ÁFRICA

Océano Pacífico

N
O E
S

AMÉRICA DEL SUR

Océano Índico

AUSTRALIA

Océano Antártico

ANTÁRTIDA

Donde viven los dragones de Komodo

Océano Índico

23

Índice

boca 14–15

cola 8–9, 22

fosas nasales 6–7

garras 12–13

lengua 4–5, 22

patas 10–13

piel 16–17

Lee más

Bodden, Valerie. *Komodo Dragons (Amazing Animals).* Mankato, MN: Creative (2014).

Lunis, Natalie. *Komodo Dragon: The World's Biggest Lizard (SuperSized!).* New York: Bearport (2007).

Aprende más en línea

Para aprender más sobre los dragones de Komodo, visita
www.bearportpublishing.com/ZooClues

Acerca de la autora

Jessica Rudolph vive en Connecticut. Ha escrito y editado muchos libros para niños sobre historia, ciencia y naturaleza.

24